DEBUT D'UNE SERIE DE DOCUMENTS
EN COULEUR

LE
SOUDAN FRANÇAIS

CHEMIN DE FER DE MÉDINE AU NIGER

AVEC UNE CARTE.

Deuxième Partie.

LILLE,
IMPRIMERIE L. DANEL.
1883.

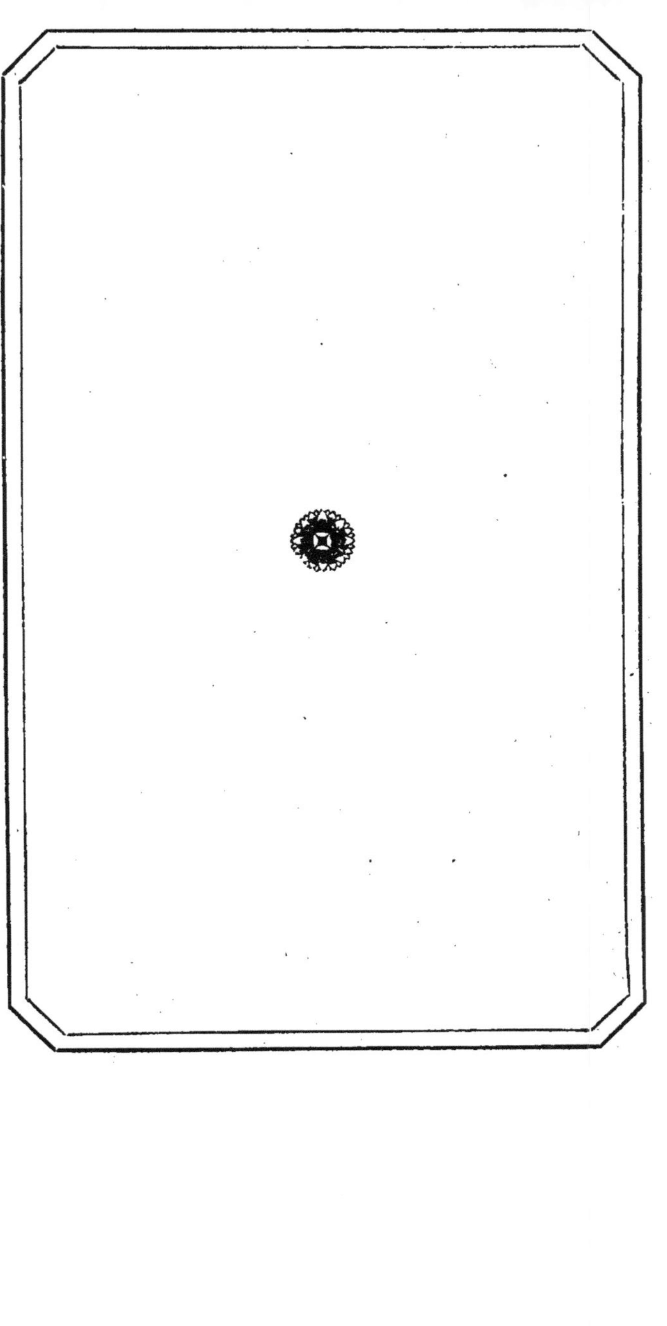

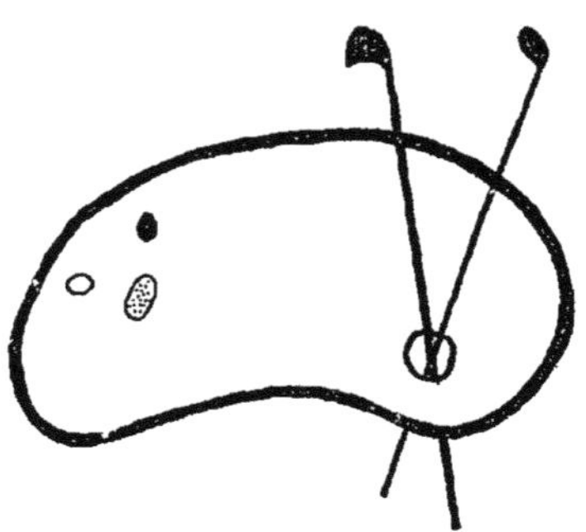

LE SOUDAN FRANÇAIS.

CHEMIN DE FER DE MÉDINE AU NIGER

DEUXIÈME PARTIE.

SOMMAIRE : 2° campagne du colonel Borgnis-Desbordes, 1881-82. — Expédition sur la rive droite du Niger, 1882. — Construction du poste de Badoumbe, 1882. — 3° campagne du colonel Borgnis-Desbordes, 1882-83. — Destruction de Mourgoula, 1882. — Prise d'assaut de Daba, 1883. — Construction du fort de Bammakou sur le Niger, 1883.

« *Bled es Soudan, bled el Ousfan* » *le pays des noirs, le pays des esclaves* : c'est par ces expressions que les Barbaresques algériens, tunisiens, marocains et tripolitains désignent le bassin du Niger, car pour eux, cette contrée n'a jamais été que le pays qui produit les esclaves. On comprend dès lors combien ils sont inquiets de voir les efforts que nous faisons pour y pénétrer et nous y établir, nous qui ne voulons plus d'esclavage.

De là, les obstacles qu'ils mettent ou cherchent à mettre à nos progrès vers le Sud. De là, le massacre de la mission Flatters, qui a momentanément découragé la plupart des partisans du transsaharien.

Chose singulière, en 1816, lorsque par une autre voie que le Sahara, par celle de l'Océan, une expédition française fut envoyée pour reprendre possession, sur les Anglais, de notre vieille colonie soudanienne, *le Sénégal*, un désastre analogue épouvanta le monde. La frégate la Méduse, commandée par M. de Chaumareys, qui portait le personnel destiné à la colonie, s'échoua, par suite de l'incapacité du commandant, sur le banc d'Arguin. Cent-cinquante malheureux, ingénieurs, officiers, soldats, ouvriers et marins furent abandonnés sur un radeau sans approvisionnements suffisants. Balloté sur la mer pendant douze jours, ce radeau fut bientôt le théâtre d'épouvantables scènes de violences et d'anthropophágie.

Lorsqu'il fut découvert par le brick l'Argus, envoyé à sa recherche, il n'y restait plus que quinze survivants, tous dans un état déplorable et dont six moururent en quelques jours. Tous les autres avaient été massacrés, noyés ou mangés.

La mission Flatters comptait, en quittant Ouargla, au mois de décembre 1880, une centaine d'hommes, tous combattants. Lorsque le 16 février 1881, le colonel oubliant toute prudence, se livra si fatalement pour lui et pour les autres, avec tout l'état-major de la mission, entre les mains des Touaregs, qui les massacrèrent, il restait environ soixante hommes qui, sous le commandement du lieutenant de Dianous, se dirigèrent vers le Nord. Après l'empoisonnement par des dattes que leur donnèrent les Touaregs, et après le combat qu'ils eurent à soutenir contre eux, à Amguid, le 10 mars, il ne restait plus que trente quatre hommes, sous le commandement du maréchal des logis Pohéguin. Le 28 avril, le Khalifat de Ouargla, envoyé à leur recherche, recueillit environ la moitié de ces malheureux qui avaient mangé l'autre moitié, y compris Pobéguin.

Les écrivains comparent souvent le désert à la mer ; les deux horribles drames que nous venons de rappeler prouvent la justesse de leur comparaison : sur la plaine humide comme sur l'Océan de sable, le manque de vivres conduit inévitablement l'homme à l'anthropophagie.

Avec les forces dont il disposait, le colonel Flatters devait repousser victorieusement toutes les attaques qu'il pouvait avoir à craindre dans la contrée où errent les Touaregs ; mais à l'approche du Soudan il eût été obligé de se retirer devant les forces considérables que les Soudaniens n'eussent pas manqué de porter au devant de lui.

Cette population si extraordinaire des Touaregs, dont la langue actuelle est le berbère, c'est-à-dire l'antique libyen, a une origine peu connue, une origine européenne.

Quinze cents ans au moins avant Jésus-Christ, des hordes d'hommes du Nord de l'Europe, attirés vers les pays du soleil, s'avançaient vers le Sud par la Gaule, l'Espagne et le Portugal, laissant partout des dolmens, comme témoins de leur passage et de leur séjour. Ils n'étaient pas arrêtés par le détroit de Gibraltar et abordaient à Tanger. Les uns se dirigeaient directement au Sud, en suivant le littoral de l'Océan Atlantique ; leurs descendants se retrouvent aujourd'hui parmi les populations de l'Atlas et jusque dans les îles Canaries. Les autres tournaient à l'Est en suivant le littoral méditerranéen, s'établissaient surtout en Numidie et se mêlaient aux guerres de la Basse-Égypte, à partir de la XIXᵉ Dynastie (1400 av. Jésus-Christ).

Ils ont laissé dans la contrée qui forme aujourd'hui la subdivision de Bône une multitude de dolmens; nous en avons vu au moins huit mille et nous en avons fouillé un grand nombre ; nous avons constaté que les corps qui y sont inhumés appartiennent à une très grande race dolycocéphale, comme la grande race blonde du Nord de l'Europe.

Dans les guerres que ces envahisseurs, mêlés au Libyens autochtones, firent aux Égyptiens, puis plus tard aux Romains et aux Arabes, une partie d'entre eux se réfugia dans les solitudes arides du Sahara pour conserver son indépendance. Les Touaregs sont de ceux-là; ainsi les guerriers du Nord de la Gaule, dont la haute taille étonnait les légionnaires romains sans les effrayer, les squelettes de près de six pieds que nous avons trouvés dans les dolmens de Roknia, et ces grands Touaregs qui fendent un homme en deux d'un coup de leur sabre à deux mains, appartiennent à la même race ; seulement elle s'est modifiée par le changement de climat et par des croisements avec les races brunes autochtones d'Afrique.

Si les tentatives pour pénétrer au centre de l'Afrique par le Sahara sont, pour le moment, abandonnées, une autre voie, la voie par la vallée du Sénégal, dont nous nous sommes de tout temps fait le défenseur, n'a pas amené d'aussi grandes déceptions ; par cette voie, nos troupes, prudemment et énergiquement conduites, ont atteint le but qui leur avait été assigné et aujourd'hui les couleurs françaises flottent au-dessus du fort de Bamakou, sur les bords du Niger, ce fleuve si longtemps mystérieux du Soudan.

Mais avant d'exposer les faits de cette mémorable campagne (1882-1883), il nous faut revenir en arrière, car dans notre premier article, nous en sommes restés à l'occupation de Kita au mois de février 1881.(1)

Par la prise et la destruction de Gonbanko (11 février 1881) châtiment sévère infligé au ramassis de brigands qui l'habitaient et qui, par leurs méfaits, leur hostilité à notre égard, l'avaient provoqué, la colonne avait conquis la sécurité nécessaire pour se livrer sans dé-

(1) Voir le premier article dans le Bulletin.

semparer aux travaux de construction du fort de Kita. Elle s'y consacra entièrement pendant deux mois et demi.

Dès les premiers jours de mai, le lieutenant-colonel Borgnis-Desbordes ramenait ses troupes à Saint-Louis, laissant dans le fort de Kita presque terminé, bien armé et bien approvisionné, une petite garnison qui pouvait braver toutes les attaques.

Cette première campagne dans le Haut-Sénégal avait donné des résultats que l'on pouvait à peine espérer. Kita occupé, notre influence établie sur les contrées voisines, la marche vers l'Est assurée pour l'avenir par cette solide base d'opérations, c'était beaucoup, mais ce qui était plus encore, c'était d'avoir démontré la possibilité de pareilles expéditions. Le but avait été atteint, malgré les indécisions, les retards, les fatigues du début, causes des cruelles maladies qui déci mèrent nos troupes, malgré les difficultés de transport dans des régions où les sentiers sont à peine frayés par le passage des caravanes et où les bêtes de somme font presque complètement défaut.

En effet, les chameaux, si utiles aux Maures, ne vivent pas dans cette partie du Soudan : les ânes sont excellents, mais en raison de leur petite taille, ils sont insuffisants dans la plupart des cas ; l'industrie mulassière n'existe pas dans le pays et il n'est pas prouvé que les mulets puissent y prospérer.

On dira peut-être : mais on est là en plein pays d'éléphants ; pourquoi ne les utiliserait-on pas en les privant, comme on le fait en Asie de toute antiquité ? L'éléphant d'Afrique n'est pas identique à celui d'Asie ; les différences consistent dans la couleur plus noire et les immenses oreilles du premier qui, de plus, a des défenses plus grandes (la femelle comme le mâle, tandis que la femelle de l'éléphant d'Asie n'en a point). Enfin l'éléphant d'Afrique a une molaire de moins et un ongle de moins au pied de derrière que son congénère d'Asie.

Nous savons bien que les Carthaginois se servirent d'éléphants dans leurs guerres contre les Romains, mais il résulte des renseignements donnés par Hérodote, Hannon, Strabon, Polybe, Solin, Pomponius Méla, Plutarque, que ces éléphants provenaient de la Libye même et non du Soudan (1).

On les trouvait dans tout le nord de la Lybie, probablement sur toute l'étendue de la ligne marquée par le chott El Kébir de la Tunisie,

_____

(1) Mémoire sur les éléphants des armées carthaginoises, par M. le Général Faidherbe. Bône 1867. Imprimerie Dagand.

le lac Melghir, Tuggurt, Ouargla, le Djebel Amour, Figuig, le Tafilelt, l'Oued Draa, l'Oued Tensift et l'Oued Azmour. Il a peut-être même existé antérieurement dans les lieux plus rapprochés encore du littoral de la Méditerranée. En tous cas, il est certain que la race en a été détruite ; au commencement du 7e siècle, Isidore de Séville déclare qu'il n'y a plus d'éléphants en Mauritanie.

L'éléphant de Libye était probablement de même race que celui du Soudan, mais il résulterait d'un passage d'Appien : de bello mithridatico, que les éléphants de Libye n'étaient pas de grande taille.

L'éléphant du Soudan pourrait-il être apprivoisé comme le fut l'éléphant lybien ? L'expérience seule pourrait le démontrer. Mais il n'est pas probable que cette expérience se fasse d'ici à bien longtemps ; la domestication de l'éléphant est un legs qu'ont laissé les antiques civilisations si remarquables de l'Asie, et les populations d'Afrique sont loin de montrer les mêmes aptitudes. Aussi pour les transports devons-nous compter surtout dans ces contrées, sur les voies fluviales et les futurs chemins de fer. En attendant que ce dernier moyen de communication rapide puisse fonctionner, on devrait, à notre avis, faire venir de nos colonies des Indes ou de la Cochinchine quelques éléphants apprivoisés avec leurs cornacs ; ils rendraient d'énormes services dans les opérations militaires et surtout pour le transport des lourds fardeaux, tels que les différentes pièces d'une canonnière démontable à transporter jusqu'au Niger. Les Anglais, dans la campagne d'Abyssinie, se servirent d'éléphants amenés des Indes et n'eurent qu'à se louer de leur emploi.

Au mois de février 1881, les chambres avaient voté un premier crédit de 8,552,751 francs pour la construction du chemin de fer de Kayes (à 12 kilomètres en aval de Médine), à Bafoulabé. En raison de ce vote et encouragé par les résultats de la première campagne, le ministre de la marine était décidé à confier au lieutenant-colonel Borgnis-Desbordes, le commandement d'une colonne expéditionnaire d'un millier d'hommes, tirés en grande partie de France, avec mission de consolider notre influence dans les pays traversés l'année précédente, de pousser aussi loin que possible au-delà de Kita, jusqu'au Niger, et de construire un poste solide sur les bords de ce fleuve. Les travaux du chemin de fer devaient également être entrepris sur une grande échelle.

On était en pleins préparatifs quand éclata à Saint-Louis, en juin 1881, une terrible épidémie de fièvre jaune qui, frappant surtout les fonctionnaires européens, désorganisa tous les services et empêcha de mettre à exécution le programme du Ministre.

M. de Lanneau, le gouverneur de la colonie, avait été une des premières victimes du fléau. Il fut remplacé par le colonel Canard qui avait fait presque toute sa carrière au Sénégal.

Le lieutenant-colonel Borgnis-Desbordes reçut pour instructions de se borner, avec les faibles forces qu'il put trouver dans la colonie, 350 combattants environ, à terminer les forts de Bafoulabé et de Kita à ravitailler ces postes, à en construire un entre Bafoulabé et Kita.

Il était surtout nécessaire de montrer nos troupes dans le Haut-Sénégal, afin de rassurer les populations amies qui s'inquiétaient déjà aux bruits malveillants qu'on faisait courir, de la mort de tous les Français par la fièvre jaune.

Le 8 novembre, la colonne expéditionnaire était réunie à Kayes. Avec l'aide des ouvriers chinois et marocains, de quelques indigènes du pays et du petit personnel européen chargé des travaux du chemin de fer, sous la direction de M. l'ingénieur Arnaudeau, nos soldats construisirent les maisons d'habitation, les magasins, les écuries, etc..., tous établissements indispensables avant de commencer la voie ferrée.

Ces premiers travaux terminés, la colonne, après s'être fait précéder de convois qui devaient constituer des dépôts d'approvisionnements sur la route à suivre, se dirigea vers Bafoulabé, où fut laissée une équipe de travailleurs chargés de réparer et de compléter les deux blockhaus de ce poste, puis vers Badumbé où furent posés les fondements d'un fort permanent destiné à combler la lacune entre Bafoulabé et Kita.

A partir de Badumbé, au lieu de suivre la route parcourue l'année précédente, le colonel Borgnis Desbordes se dirigea plus au sud, en passant par Fatafi. Son but était d'inspirer le respect aux Malinké du Gangaran qui avaient insulté et maltraité Mary Ciré, chef des Bambara réfugiés dans ce pays et qui était notre fidèle allié. Il voulait en outre s'assurer une deuxième voie de communication pour ses convois de ravitaillement, dans le cas où la route par le gué de Toukolo eût été coupée par les Toukouleurs du Kaarta.

Enfin le 9 janvier 1882 la colonne atteignait Kitta et son chef prenait les dispositions pour que les travaux de réparations nécessitées par les pluies de l'hivernage fussent immédiatement entrepris.

Un mois après, le lieutenant-colonel interrompait les travaux et formait une petite colonne très mobile et capable d'exécuter de longues marches, il choississait à cet effet ses meilleurs soldats, au nombre de 200 environ avec 15 officiers, prenait avec lui 2 pièces de canon et quelques spahis, et se faisait suivre d'un grand convoi de mulets destinés à porter les vivres et tous les bagages ou sacs des hommes et même au besoin à leur servir de monture. Le 16 au matin, cette petite colonne sortait de Kita et se dirigeait vers le sud.

Pour comprendre le but et la nécessité de la reconnaissance militaire que le lieutenant-colonel Borgnis-Desbordes allait entreprendre dans cette direction, il est utile de connaître l'état politique actuel du Haut-Niger. Une puissance nouvelle s'y est fondée; comme il y a vingt-cinq ans, dans le bassin du Sénégal, un prophète a surgi qui, entraînant avec lui une armée de nègres musulmans fanatiques et cruels, voit de jour en jour son pouvoir s'étendre par la terreur et les massacres qui signalent son passage.

Tous tremblent à son seul nom et s'il n'est arrêté dans son œuvre de destruction par les Français, comme le fut jadis El Hadji Omar devant les murs de Medine, il faudra bien longtemps pour effacer les traces de sa sanglante domination.

Samory ou Samorou, tel est le nom de ce nouveau prophète. Il est de race Malinké et originaire du Bissadougou. Fils d'un homme de basse condition, nommé Lafia, il fut pris, jeune encore, dans le pillage de son village et emmené captif chez des forgerons; il s'échappa et vint chercher un refuge auprès d'un marabout vénéré, Fodé-Birama, qui jouissait d'une grande influence et, de fait, était le chef du Bissadougou. Fodé-Birama l'instruisit dans la religion musulmane. Samory intelligent, brave et rusé, feignit la plus grande ferveur réligieuse, et par toutes ses qualités, vraies ou simulées, il sut capter la confiance de son protecteur. Peu à peu par d'habiles manœuvres, il se fit un parti dans l'entourage même du marabont, et un jour, jetant bas le masque, il se mit à la tête des guerriers du Bissadougou qui l'acclamèrent comme leur chef. Il livra bataille à Fodé-Birama, le battit complètement et le fit prisonnier. Il le condamna à une prison perpétuelle en le chargeant de prier Dieu pour le succès de ses armes.

D'une haute stature, maigre comme un ascète, la voix chaude et vibrante, jouissant d'un grand renom de sainteté, Samory a toutes les qualités physiques et morales pour entraîner, pour fanatiser des êtres aussi crédules et aussi superstitieux que les négres. Pour augmenter son prestige vis-à-vis de ses fidèles, il se fait suivre de devins et d'augures qui chantent ses vertus et sa mission divine, annoncent les batailles et prophétisent les victoires.

Contre les peuplades qu'il veut soumettre et surtout piller, il emploie la terreur. Il ne se contente pas de faire massacrer, au milieu des incendies, les populations des villages dont il s'empare. Après la lutte quand il a des prisonniers dont il ne peut trouver le débit, il invente des supplices avec des raffinements de cruauté qui lui ont valu, dans tout le Soudan, sa terrible réputation.

On a trouvé près d'un de ses camps, 200 prisonniers liés ensemble et brûlés vifs. Il est un supplice qu'il affectionne particulièrement. Dans un trou profond, on allume un grand feu et on y précipite un prisonnier qu'on recouvre de bois embrasé, puis c'est le tour d'une deuxième victime et ainsi de suite jusqu'à ce que le trou soit comblé ; en un mot il fait durer le plaisir.

Comme Samory connaît la crainte folle qu'inspire aux noirs et surtout aux Malinkés, l'homme à cheval, le cavalier, c'est à l'organisation de sa cavalerie qu'il a donné tous ses soins. Il est, dit-on, à la tête de 19 groupes de 50 chevaux chacun. Ses cavaliers sont exercés à harceler l'ennemi, à le poursuivre dans une retraite, à dresser des embuscades ; ils ont acquis une telle réputation, qu'il suffit de l'arrivée de trois d'entre eux dans un village, pour que ses habitants fuient épouvantés.

C'est avec ces moyens que le chef malinké put, en quelques années, conquérir le Baleya, le Kourbari-Dougou, une partie du Ouassoulou, détruire les villes de Kankan et de Keniéra, étendre sa puissance sur les deux rives du Haut-Niger et inquiéter Ahmadou dans Segou.

Mais Samory n'est pas comparable à El Hadj Omar qui usait, il est vrai, comme lui de la terreur, mais poursuivait du moins un projet non dépourvu de grandeur, celui de fonder un grand empire musulman dans le Soudan. Samory n'est qu'un marchand d'esclaves, le fournisseur des marchands maures du Sahara.

Il existe, en effet, longeant le cours supérieur du Niger, une grande voie commerciale du Nord au Sud, entre le Sahara et une partie du Soudan qui produit surtout, actuellement, les esclaves. Les principales marchandises d'échange qui viennent du nord sont les chevaux et le sel ; celles qui viennent du Sud sont les esclaves et l'or. Les caravanes d'esclaves remontent vers le Kaarta où on les achète pour des chevaux, que l'on se procure chez les Maures, en échange de ces mêmes esclaves. Un cheval qui vaudra quatre esclaves dans le Sahara en vaudra peut-être six dans le Kaarta, huit à Bamakou et un nombre encore plus grand sur le lieu de production et de capture, c'est-à-dire dans le Ouassoulou. Par contre, un esclave qui est presque sans valeur dans ce dernier pays, puisque l'on n'a que la peine de le prendre, vaut quatre ou cinq cents francs une fois arrivé dans le Maroc.

C'est la loi que subissent toutes les marchandises, dont le prix augmente en raison de l'éloignement du lieu de production.

On comprend que ce sont surtout des chevaux que les chasseurs d'esclaves cherchent à se procurer, car c'est au moyen des chevaux qu'ils peuvent atteindre et capturer les malheureux habitants des pays qu'ils envahissent. En revenant de leurs razzias il leur arrive souvent de porter les jeunes enfants sur le devant de leur selle et d'attacher les mères à la queue de leurs chevaux pour les forcer à suivre (1).

Grâce à notre ligne de postes de Médine à Bamakou, qui coupe cette voie commerciale, grâce à notre établissement sur le Niger et au chemin de fer en construction qui y conduit, nous serons à même de mettre fin à cet épouvantable brigandage, comme nous l'avons fait dans le Sénégal depuis 1854 ; les Trarza, pour se procurer des esclaves qu'ils allaient jusqu'alors simplement voler sur la rive en face, sont

(1) Les peuples du Soudan central et occidental ont reçu du dehors leurs animaux domestiques ; les bœufs à bosse et les moutons à poil, qui ne sont pas de même race que ceux des nomades sahariens, proviennent de l'Afrique orientale. Mais les chevaux leur sont incontestablement venus par le Sahara ; ils sont de race barbe, dégénérés sous les rapports de la taille, mais ayant conservé les belles formes et les précieuses qualités de cette race. Il y a des preuves linguistiques à l'appui de l'origine que nous donnons aux chevaux du Soudan.

En Touareg, c'est-à-dire en Libyen, le cheval se dit : *is* ; les Libyens avaient reçu le cheval de monture des Égyptiens qui l'appelaient *sous*, d'après M. Maspéro.

Les Égyptiens eux-mêmes avaient reçu le cheval de monture des Assyriens qui l'appelaient *sousou* d'après M. Piétrement ; mais on admet que ce nom n'est pas sémitique et que les Assyriens l'avaient eux-mêmes reçu des Mongoles. Eh bien ! ce même nom du cheval, *sousou, sous, is*, nous le trouvons plus ou moins modifié pour désigner le cheval, dans les langues des noirs : en Bambara c'est *sa*, en Soninké c'est *si*, en Wolof et en Sérère, où les noms des animaux sont généralement procédés d'une syllabe répondant au *bou* des Arabes, le cheval s'appelle fa-s et pi-s, on voit que c'est encore le même radical *s*.

Dans le dialecte Zénaga, assez différent du Touareg, la sifflante est souvent remplacée par la chuintante, aussi les zénaga au lieu d'appeler le cheval *is*, comme les Touaregs, l'appellent *ichi*, et les Pouls, qui ont reçu d'eux le cheval, l'appellent *poutchi*, *pou* étant un préfixe qui se met devant le nom d'un animal, comme nous l'avons vu pour le wolof et le sérère.

depuis cette époque, obligés de remonter dans l'Est, vers le haut du fleuve, sur les marchés dont nous venons de parler.

C'est en allant ainsi détruire les foyers de production d'esclaves que nous porterons des coups sensibles à l'esclavage lui-même, bien plutôt qu'en cherchant à faire fuir, pour les libérer, les esclaves travailleurs des pays voisins de nos portes ce qui nous suscite toujours de grandes difficultés politiques.

L'esclavage domestique, qui est général comme institution sociale en Afrique, n'y ressemble en rien à ce qu'il était dans nos colonies ou dans les états du sud de l'Union américaine. En Afrique, l'esclave de même race que son maître, vivant et se nourrissant généralement comme lui, est simplement un serviteur ou un ouvrier à vie ; c'est par la guerre que se perpétue l'esclavage, parce qu'on y fait esclaves des hommes libres. Sans la guerre, l'esclavage domestique, à force de s'adoucir, disparaîtrait de cette partie du monde comme il a disparu des autres.

Nous avons dit que le lieutenant-colonel Borgnis-Desbordes était sorti de Kita le 16 février et s'était dirigé vers le sud. Son but en prenant cette direction était d'abord de montrer nos troupes dans le Manding de Niagassola et de Kangaba et sur les confins du Bouré. Ces états avaient conclu avec nous, l'année précédente, des traités de protection contre les Toucouleurs ; inquiets de ne pas nous voir venir, craignant les représailles d'Ahmadou, ils étaient disposés, paraît-il, à demander à Samory de les protéger contre ceux qu'ils détestaient, nous croyant incapables de pouvoir le faire. Le colonel voulait ensuite chercher à joindre Samory pour tirer vengeance des mauvais traitements que celui-ci avait fait subir à un officier indigène, envoyé auprès de lui par le commandant de Kita, pour lui demander de ne pas détruire Keniéra, qu'il assiégeait depuis six mois.

S'il arrivait à temps, il pouvait espérer sauver ce grand marché. d'une destruction inévitable. Le prestige et l'influence du prophète malinké eussent été fort diminués par cet échec et les peuplades hésitantes du Haut-Niger, nous voyant les plus forts, l'auraient certainement abandonné pour se ranger de notre côté.

Arrivé devant Mourgoula, le colonel fut sommé, par un envoyé de l'Almamny, de s'arrêter. Quelques instants d'entretien suffirent pour convaincre l'Almamy qu'il serait inutile et imprudent de vouloir nous résister. La colonne continua sa marche ; le 25 février elle traversait le Niger et se portait rapidement vers Keniéra. Malheureusement, cinq jours auparavant, ce village était tombé au pouvoir de Samory qui, pour se venger de sa longue résistance ; l'avait entièrement détruit. Nos soldats brulèrent, en passant, trois des camps de Samory, envoyèrent quelques obus au milieu du quatrième, dans lequel les guerriers malinkés et leur chef s'étaient retirés ; ceux-ci prirent la fuite.

Le colonel fit reprendre à ses troupes la route du Niger qu'il repassait le 27 février, suivi par quelques cavaliers de Samory avec lesquels les spahis et les tirailleurs eurent un petit engagement d'arrière-garde.

La colonne rentra à Kita le 11 mars, ayant parcouru, en 22 jours, 550 kilomètres ; elle n'avait perdu qu'un homme tué et ne comptait pas un seul malade dans ses rangs.

Les soldats qui venaient de faire cette expédition, après quelques jours de repos bien nécessaires, se remirent aux travaux du fort.

Le 1er Mai, la colonne expéditionnaire reprenait la route de Saint-Louis.

Le programme restreint qui avait été donné à son chef était complètement rempli ; les anciens postes étaient réparés, celui de Badumhé construit et la ligne télégraphique avait était poussée, pendant cette campagne jusqu'à Kondou, au-dela de Kita. Pendant ce temps, un nouveau crédit de 7,458,785 fr. voté par les Chambres, au mois de mars 1882, permit au ministre de la marine de donner des ordres pour activer les travaux de construction de la voie ferrée. Les expéditions de matériel de Saint-Louis à Kayes ne discontinuèrent pas pendant toute la saison des hautes eaux. Au mois de juin le lieutenant-colonel Bourdiaux fut envoyé à Kayes, avec mission de construire dans cette localité une grande caserne maçonnée, à étages, et des magasins permanents, destinés à recevoir le matériel épars jusqu'alors dans des magasins provisoires établis le long du fleuve.

Au mois d'octobre 1882, le lieutenant-colonel Borgnis-Desbordes, chargé pour la troisième fois de conduire la colonne expéditionnaire du Haut-Fleuve, recevait du Ministre de la marine des instructions nettes et précises qui se résument ainsi : « Atteindre le Niger et construire un fort sur ses rives, à ou près de Bamakou. Le choix de cette localité était justifié par plusieurs considérations, Bamakou est le point du Niger le plus rapproché de notre poste extrême, Kita. C'est encore un marché assez considérable du Soudan quoiqu'il soit bien déchu de son ancienne importance et que les marchés de Yamina et de Ségou lui fassent une grande concurrence. Enfin ce qui milite surtout en faveur de Bamakou, c'est sa situation à quelques kilomètres en amont des roches de Sotuba, qui ·barrent le fleuve dans toute sa largeur et au-delà desquelles le Niger est navigable, aux plus basses eaux, au moins jusqu'à Tombouctou et très probablement jusqu'à Boussa pour des bateaux d'un tirant d'eau de 1 m. 20 environ.

Avant même que le chemin de fer soit poussé jusqu'à cet endroit, nous devons chercher à en faire un port de commerce d'où les embarcations pourront remonter le fleuve et le descendre, sous la protection de quelques chaloupes canonnières, jusqu'à Yamina, Ségou, · Tombouctou, y portant nos marchandises et rapportant les produits de ces fertiles régions.

Mais pour que la conquête commerciale du Soudan soit complète, nous ne devons pas borner nos efforts à l'occupation de ce point seulement.

Dès 1863, dans mon travail intitulé « L'avenir du Sahara et du Soudan ». Je disais, qu'en même temps que nous devions gagner le Niger vers Bamakou, par le Sénégal, il ne fallait pas négliger de prendre pied dans le bas de ce fleuve pour maintenir nos droits à l'entrée et à la sortie, de manière à ne pas nous trouver enfermés dans le bassin supérieur. Depuis quelque temps, les Anglais et les Hollandais ont multiplié leurs comptoirs dans le Bas-Niger ; mais le commerce n'y est pas facile à faire à cause de l'insalubrité du delta et du peu de profondeur qu'il y a sur les passes dans la saison des basses eaux. Les vapeurs vont déposer les marchandises dans les comptoirs aux hautes eaux et ne peuvent exporter que les produits de l'année précédente. Malgré ces difficultés nous constatons avec plaisir qu'il existe aujourd'hui, dans le Bas-Niger, des comptoirs français. D'un autre côté, le gouvernement comprenant qu'il est nécessaire de protéger par un poste le commerce dans ces parages, vient de réoccuper sur la côte, Porto-Novo, dont M. Brossard de Corbigny, aujourd'hui amiral, avait pris possession en 1863, mais qui depuis lors avait été abandonné.

Ces comptoirs, établis dans le bas du fleuve, disposent d'un vaste champ d'exploitation commerciale : la vallée du Bénoué et celle du Niger, jusqu'aux cataractes de Boussa et même au-delà, si des travaux sont exécutés pour faciliter aux marchandises le passage de cet obs·tacle, mais ils ne peuvent prétendre à s'emparer du commerce dans le bassin entier du grand fleuve soudanien.

Il est en effet important d'établir que le commerce de la partie supérieure du Niger, au moins jusqu'à Tombouctou, trouvera de l'avantage à suivre notre voie du Sénégal plutôt que de descendre le fleuve.

Le transport des marchandises de France à Tombouctou par le Sénégal reviendra, par tonne, à 150 francs au plus, se décomposant ainsi :

> 30 fr. de frêt de Bordeaux à Saint-Louis..
> 30 fr. id. de Saint-Louis à Bakel (1).
> 40 fr. id. de Bakel à Bamakou (chemin de fer).
> 20 fr. id. de Bamakou à Tombouctou par le fleuve.
> 30 fr. de frais divers, transbordements, emmagasinage, etc.

Il reviendrait par les bouches du Niger à 200 fr. au moins :

> 60 fr. de frêt de Bordeaux aux bouches du Niger.
> 30 fr. id. des bouches du Niger à Boussa par le fleuve.
> 20 fr. id. chemin de fer des cataractes (s'il se fait).
> 60 fr. de Boussa à Tombouctou par le fleuve.
> 30 fr. de frais divers.

Quant au transport des produits du Soudan en France, il faut que ces produits aient une valeur intrinsèque suffisante pour en supporter les frais. Si ces frais représentent la valeur presque totale de la marchandise sur les marchés de France, on ne peut offrir au producteur qu'un prix dérisoire et naturellement le producteur cesse de produire. Tel est le cas de l'arachide en coque dont la valeur ne dépasse pas 150 francs la tonne.

Mais l'or, mais la cire d'abeille qui vaut en Europe 2000 fr. la tonne, le café 1,000 à 2,000 fr. suivant la qualité, l'ivoire 10,000 à 15,000 fr., l'arachide décortiquée 350 fr., le beurre végétal (karité) 1,000 a 1,500 fr., la gomme 750 à 1,200 fr., le sésame 400 fr. etc...... tous ces produits pourraient être payés dans les comptoirs du Haut-Niger, à des prix très rémunérateurs aux indigènes, quoique ayant à supporter les frais de transport par la voie du Sénégal, frais qui ne dépasseront pas 170 fr. par tonne.

Nous avons cité parmi les denrées d'exportation, le beurre de karité ; ce produit étant peu connu en Europe, nous en dirons quelques mots.

Le beurre végétal ou karité, produit du haut Sénégal et du Niger, provient du fruit d'un arbre de la famille des sapotées ; on en trouve

(1) On suppose la tête de ligne du chemin de fer du Haut-Sénégal reportée de Kayes à Bakel.

à partir de Boucaria, entre Médine et Bafoulabé, mais ils sont surtout abondants plus encore dans l'intérieur où ils forment quelquefois l'essence dominante des forêts. Ses fruits sont mûrs en juillet-août; ils ressemblent à de petits marrons retirés de leur pulpe verte. Les indigènes enlèvent la coque qui entoure les amandes et ils broient celles-ci, de façon à former une sorte de pâte qu'ils jettent dans une marmite pleine d'eau chaude. Le beurre vient à la surface, on le laisse refroidir et on le forme en pains qu'on entoure de feuilles et de liens d'écorce. Il se conserve indéfiniment. Son point de fusion est beaucoup plus élevé que celui du beurre animal.

Ce produit, préparé en août et septembre, pourrait arriver dans le Haut-Sénégal assez à temps pour descendre le fleuve en octobre-novembre et être expédié pour l'Europe.

M. Borgnis-Desbordes, à sa rentrée en France. après la campagne de 1881-1882, avait signalé au ministre la nécessité d'agir avec vigueur et promptitude dans le Soudan et de ne pas retarder d'une année encore l'occupation de Bamakou.

L'adoption d'une politique ferme et hardie s'imposait encore plus, au mois d'octobre, sous peine de perdre le fruit des campagnes précédentes.

La situation s'était, en effet, modifiée à notre désavantage. Samory avait franchi le Niger au mois de septembre et s'était porté jusqu'à Niagassola, dont les habitants s'étaient enfuis à son approche. N'osant pas attaquer Kita, qu'il savait en état de lui résister, il avait regagné le Ouassoulou, mais pendant son séjour sur la rive gauche, et par d'habiles émissaires, après son départ, il était parvenu à détacher de notre alliance le Bouré que le commerce d'esclaves, dont il était le pourvoyeur, enrichissait, et le Haut-Manding de Kangaba qui trouvait profit à nourrir son armée. Il s'était ménagé des intelligences avec Abdoulaye, l'almany de Mourgoula et avec Souleyman, son ministre; il avait su se créer un parti dans Bamakou même, parmi les Maures acheteurs d'esclaves qui avaient envoyé leurs fils servir dans son armée. Il était évident qu'il convoitait cette ville et qu'il ferait tout son possible pour s'en emparer.

Quant aux intentions d'Ahmadou envers Samory, elles étaient inconnues; on ignorait s'il se déclarerait pour ou contre le nouveau prophète qui semblait vouloir lui disputer la suprématie religieuse dans le Soudan; mais ce dont on était certain, c'est qu'il n'était pas notre allié, qu'il cherchait même à nous nuire, à contrecarrer notre

politique, en remplaçant, par des gens dévoués à ses intérêts, les chefs
des petits états bordant au nord notre ligne de pénétration ; on savait
qu'il voulait aussi s'emparer de Bamakou ; vers le mois de février on
apprenait même que des troupes de Toucouleurs étaient réunies à
Tadiana, à 35 kilomètres au sud-est de Bamakou. On ignorait dans
quel but.

Par contre les Bambara du Bélédougou qui, en 1880, s'étaient ren-
dus coupables de l'attaque et du pillage de la mission Galliéni avaient
déjà donné des preuves de repentir sincère, et un certain nombre de
chefs de village de ce pays avaient témoigné le désir de faire alliance
avec les Français. On risquait de les voir échapper à notre influence,
si l'on tardait trop à pénéter dans leur pays et il y avait grand intérêt
à nous les attacher. Les Bambara du Bélédougou se distinguent par
leur caractère fier et indomptable : ils ont su, jusqu'à présent résister
à Ahmadou et sont restés fétichistes. Industrieux, travailleurs et
économes, ils savent faire de la poudre ; ils tirent le fer du minerai
répandu à profusion sur leur territoire et le forgent ; ils ont des mé-
tiers de tisserands plus perfectionnés que ceux des autres peuplades ;
ils cultivent la terre, élèvent des troupeaux, amassent des provisions ;
enfin ils sont braves, nous en avons eu la preuve.

Les Bambara du Bélédougou ou Béleri comme on les appelle
encore, peuvent nous rendre de grands services, soit en nous fournis-
sant des travailleurs, soit en nous vendant des vivres, ce qui permet-
trait de réduire les expéditions de ravitaillement des postes extrêmes,
soit surtout en prêtant leur concours aux petites garnisons de ces
postes contre les Toucouleurs, si ceux-ci se décidaient à nous attaquer et contre Samory, pour lequel ils ressentent la même haine que
pour Ahmadou.

Les forces mises à la disposition du colonel pour l'exécution du
plan que nous avons indiqué plus haut n'étaient pas beaucoup supé-
rieures à celles dont il disposait les années précédentes.

Le 14 novembre, la colonne était concentrée à Kayes ; elle comptait à ce moment 515 combattants dont 35 officiers, 300 conducteurs et
300 animaux, chevaux de selle ou bêtes de somme, en grande partie
des ânes. Comme artillerie elle avait une batterie de 4 pièces

Le 21, elle quittait cette localité et le 16 décembre elle était rendu
à Kita ayant parcouru 355 kilomètres sans incident.

Elle y était depuis trois jours, lorsque le colonel donna l'ordre du
départ. Emmenant avec lui 330 combattants et la batterie, il se dirigea

vers Mourgoula. Les intrigues de l'almany et surtout de son ministre Souleyman, les intelligences qu'ils s'étaient ménagées avec Samory, malgré leurs promesses de ne rien faire pour nuire à nos intérêts, l'appui que ce village fortifié pouvait fournir à un moment donné, au chef malinké dans ses opérations contre nous, toutes ces raisons avaient décidé le colonel Borgnis-Desbordes à ne pas laisser subsister une telle source de danger sur le flanc de sa ligne d'opérations et de communication. Son intent'on bien arrêtée était de s'emparer de ce village fortifié et de le raser. Il n'eut pas besoin d'en venir à l'emploi de la force. Ayant mandé devant lui l'almany et Souleyman, il leur reprocha leur conduite et leur déclara qu'il ne voulait plus d eux a Mourgoula, mais que comme ils étaient venus à lui librement, ils pouvaient retourner librement aussi derrière leurs murailles et s'y défendre, s'ils le voulaient.

Abdoulaye et Souleyman se soumirent et accompagnés de leurs serviteurs, de leurs femmes, de leurs enfants emportant leurs biens, ils suivirent la colonne jusqu'à Kita d'où le colonel les fit diriger ensuite vers le Kaarta. Quelques semaines après, les Toucouleurs qui avaient vu partir leurs chefs sans protester, quittèrent à leur tour Mourgoula. C'en était fait de la domination d'Ahmadou dans cette partie du bassin du Sénégal.

La colonne était revenue à Kita, le colonel n'ayant pas voulu poursuivre sa marche vers Bamakou par Niagassola et Koumakhana, au travers d'un territoire soumis aux incursions des cavaliers de Samory.

Il choisit la route du nord par le Bélédougou, route plus courte, mais traversant un terrain plus accidenté que la précédente. Il espérait, par cette voie. pouvoir atteindre rapidement Bamakou sans tirer un coup de fusil. Animé des dispositions les plus bienveillantes à l'égard des Béléré, il ne voulait exiger des chefs les plus compromis dans l'attaque de la mission Galliéni que le payement d'amendes légères, la restitution des objets provenant du pillage, et, de tous, des gages d'amitié pour l'avenir et de sécurité pour ses convois.

Le 7 janvier, la colonne s'engagea sur cette route. Dans le Fouladougou, dans le Bélédougou de l'ouest les protestations amicales se renouvelèrent, à la traversée de chaque village ; tout semblait présager une marche pacifique, quand, un peu avant d'arriver au Ba-Oulé, le chef de l'avant-garde fit prévenir le colonel que les gens du village de Daba annonçaient qu'ils sauraient nous empêcher d'aller plus loin. Du reste, Naba qui commandait dans ce village fortifié, capitale du petit Belédougou, avait été l'instigateur principal du guet-à-pens dans lequel faillirent succomber Galliéni et ses compagnons.

Abandonné par quelques-uns des villages sur les contingents desquels il comptait, Naba se retira dans son tata et renouvela ses manifestations hostiles à notre égard. Le colonel Borgnis-Desbordes changea de route et marcha vers Daba, avec l'espérance qu'il pourrait encore éviter un conflit armé.

Promesses de pardon, demandes d'entrevue, rien ne put vaincre l'obstination du vieux chef bambara. Il fallut se résoudre à attaquer. La résistance des Bambaras fut héroïque. Quoique, à dessein, le colonel n'eut pas cerné le village pour leur permettre de s'échapper, ils n'en profitèrent pas au début de l'action. Pendant que l'artillerie ouvrait, à coups de canons, une brèche praticable dans le tata, ils continuèrent un feu violent contre nos tirailleurs. La brèche franchie par nos troupes, ils ne reculèrent pas, luttant pied à pied, utilisant chaque case comme autant de petites forteresses et se faisant tuer à leur poste de combat. Enfin le feu cessa et nous pûmes compter nos pertes, elles étaient considérables ; 5 officiers blessés, dont un, M. Picquart, mourut le soir, 5 hommes tués et 43 blessés.

Daba détruit, la colonne reprit sa marche vers le Niger. Chemin faisant, le colonel reçut la soumission des chefs de villages et leur infligea des amendes que tous méritaient, car on approchait de Dio, théâtre du drame de 1880. Les chefs de Dio firent amende honorable et implorèrent le pardon des Français.

Enfin le 1er février 1883, la colonne expéditionnaire débouchait dans la vallée du Niger. Les fatigues endurées, les souffrances subies étaient oubliées ; l'on avait ainsi atteint le but indiqué par le gouverneur Faidherbe dès 1863 et si péniblement poursuivi.

Guidées par le chef de Bamakou qui était venu saluer le colonel et protester de son dévouement aux Français, nos troupes entrèrent dans le village ; les marchands maures, hostiles mais résignés, se tinrent sur la réserve.

Cinq jours après son arrivée, M. Borgnis-Desbordes, entouré de ses officiers et de ses troupes, posait avec solennité, la première pierre du fort dont l'emplacement avait été choisi à 500 mètres au nord-ouest de Bamakou, de façon à commander la plaine, le village et le débouché de la route du Bélédougou. Comme à Kita, on avait abandonné l'idée de le placer sur les hauteurs, où les conditions sanitaires eussent été meilleures, mais d'où sa petite garnison n'aurait eu qu'une bien faible action sur les évènements qui se seraient passés dans la plaine.

Les travaux furent immédiatement entrepris ; les indigènes Bambara, après quelques hésitations, avaient fini par satisfaire aux demandes du colonel et se présentaient chaque jour sur les chantiers, au nombre de 150 à 200.

Pendant le mois de février et la première quinzaine de mars, rien ne vint distraire nos soldats de leurs travaux. Vers le 15 mars, des bruits alarmants se répandirent parmi les populations entourant notre poste. Samory avait repassé sur la rive gauche du fleuve, disait-on; il se préparait à marcher contre les Français ; puis, coup sur coup, on apprenait, d'une façon certaine, qu'il s'était emparé de Sibi, village situé à 40 kilomètres au sud-ouest de Bamakou ; que ses cavaliers venaient jeter le trouble sur notre ligne de ravitaillement, enlevaient des troupeaux et détruisaient des villages Bambara. La brigade télégraphique qui opérait entre Kondou et Bamakou avait repoussé une attaque de ces cavaliers.

Le colonel forma immédiatement une petite colonne mobile de 80 hommes avec une pièce de canon et en confia le commandement au capitaine Pietri, avec mission de rétablir l'ordre dans cette région et d'assurer la libre circulation de nos convois. Parti, le 31 mars, de Bamakou, Pietri parvint à joindre les pillards au nombre de 200 à 300 hommes, et les battit complètement ; il leur tua une trentaine d'hommes et ramena des prisonniers ainsi que les troupeaux volés.

Le lendemain du jour où le poste s'était dégarni d'une grande partie de ses forces, Samory, à la tête du gros de son armée, s'était brusquement avancé, en une seule marche, de Sibi à Bamakou. Ses cavaliers s'approchèrent du fort et du village ; quelques salves les forcèrent à s'éloigner.

Le 2 avril, le colonel à la tête des troupes qui lui restaient, fit une reconnaissance offensive vers le camp ennemi. Il le traversa, y jeta le désordre, brûla quelques cases en paille et rentra à Bamakou.

Les jours suivants, les cavaliers malinkés ne cessèrent pas de venir tirailler contre notre poste, où malgré tout, on continua à travailler activement.

Enfin, le 12 avril, la colonne Pietri étant rentrée, tous les hommes disponibles furent lancés à l'attaque du camp ennemi; les cavaliers de Samory, ses meilleurs soldats, s'enfuirent en désordre devant nos tirailleurs ; quant aux fantassins, ils ne s'étaient jamais montrés, pas plus ce jour-là que les jours précédents. On trouva dans ce camp de grands approvisionnements de mil et de la poudre qui furent transportés dans le fort.

Les spahis envoyés au loin en reconnaissance, le lendemain et le surlendemain, ne trouvèrent pas l'ennemi.

Cependant, quelques jours après, les habitants du pays annonçaient que les cavaliers de Samory se rapprochaient de Bamakou, qu'ils avaient été vus à Nafadié, à 40 kilomètres dans le sud. Il fallait à tout prix purger le pays de ces hôtes dangereux qui, après le départ de la colonne, se seraient enhardis et seraient probablement venus, sinon attaquer, du moins harceler la petite garnison du poste.

Le 20 avril, avec le faible effectif dont il disposait encore, après une si rude campagne, le Colonel se lança à leur poursuite ; mais quoiqu'il fît diligence, il ne put les atteindre. Arrivé à Bankhoumana, à 65 kilomètres au Sud de Bamakou, il arrêta la colonne et renonça à s'avancer plus loin ; ses troupes étaient harassées, les approvisionnements allaient faire défaut, les pluies de l'hivernage devenaient fréquentes et rendaient les marches pénibles et dangereuses pour la santé déjà bien compromise de ses hommes ; du reste le but qu'il poursuivait était atteint, car il apprenait que Samory avait franchi le Niger et était rentré dans le Ouassoulou. D'autre part, des troupes de ce chef qui opéraient sur la rive droite, avaient été battues par les Bambara, à Badinga. Il pouvait donc espérer que les échecs subis par Samory au cours de ce dernier mois et la désorganisation de son armée, qui en était la conséquence, l'empêcheraient de rien tenter contre notre poste du Niger, pendant la saison de l'hivernage.

Après avoir détruit les villages qui avaient fourni un appui au prophète Malinké, la colonne rentra à Kita.

Le fort de Bammakou était achevé, armé et approvisionné. Le Colonel y laissa, comme garnison, une compagnie de tirailleurs, quelques spahis, quelques ouvriers indigènes de la compagnie d'artillerie, le tout sous le commandement du capitaine d'artillerie de marine Ruault, et, le 29 avril, avec 250 hommes environ, il reprenait la route de St-Louis.

La campagne de 1882-1883 était terminée. Comme celles des deux années précédentes, elle figurera avec honneur dans les fastes sénégalais.

Ces hardies expéditions faites, trois années de suite, à des distances moyennes d'au moins 400 lieues du point de départ, St-Louis, ces luttes avantureuses, à la tête d'une poignée d'hommes, contre des armées relativement considérables, rappellent celles des illustres héros ou aventuriers du seizième siècle : Fernand Cortez au Mexique, Pizarre au Pérou, Vasco de Gama à la côte occidentale d'Afrique et en Asie et enfin Mouley-Ahmed, général marocain qui, à la tête d'une troupe composée de 174 pelotons de 20 hommes armés de mousquets, conquit les rives du Niger en mettant les Soudaniens en déroute. Il plaça, dans les principales villes du pays, des garnisons de soldats marocains dont les descendants aujourd'hui sans pouvoir, sont encore désignés par le nom de *Arama*, du verbe arabe *rma* qui veut dire lancer, en souvenir des armes à feu qui leur avaient donné la victoire.

Alors, comme aujourd'hui, c'était l'énorme supériorité des armes qui rendait possibles de pareils exploits ; il y a entre nos fusils à tir rapide et à portée considérable et les fusils à pierre dont se servent les africains, autant de différence qu'il y en avait entre les mousquets du seizième siècle et les lances et flèches qu'on leur opposait.

Mais si sous le rapport de l'audace, on peut comparer nos braves officiers du Sénégal et leur héroïque chef à ces anciens conquérants de royaumes, quel contraste dans les mobiles qui les ont fait agir et dans leur conduite envers les populations. L'avidité, les cruautés, les perfidies ont souillé la gloire des Pizarre et des Cortez. Aujourd'hui c'est dans les intentions les plus généreuses que nous cherchons à pénétrer dans ces pays arriérés, c'est pour y faire régner la paix et la justice, afin que leurs habitants puissent jouir de leurs richesses naturelles, en faisant avec nous un commerce avantageux aux deux partis. C'est donc dans un but éminemment humanitaire, c'est pour mériter le suffrage de leurs concitoyens et l'estime de leurs chefs en accomplissant leur devoir, que nos officiers vont sans murmurer, s'exposer aux fatigues, aux souffrances, aux dangers et à la mort qui n'éclaircit que trop leurs rangs. Honneur donc au brave colonel Borgnis-Desbordes et à ses compagnons.

Paris, le 15 Juillet 1883.

GÉNÉRAL FAIDHERBE.

Lille Imp. L. Danel.

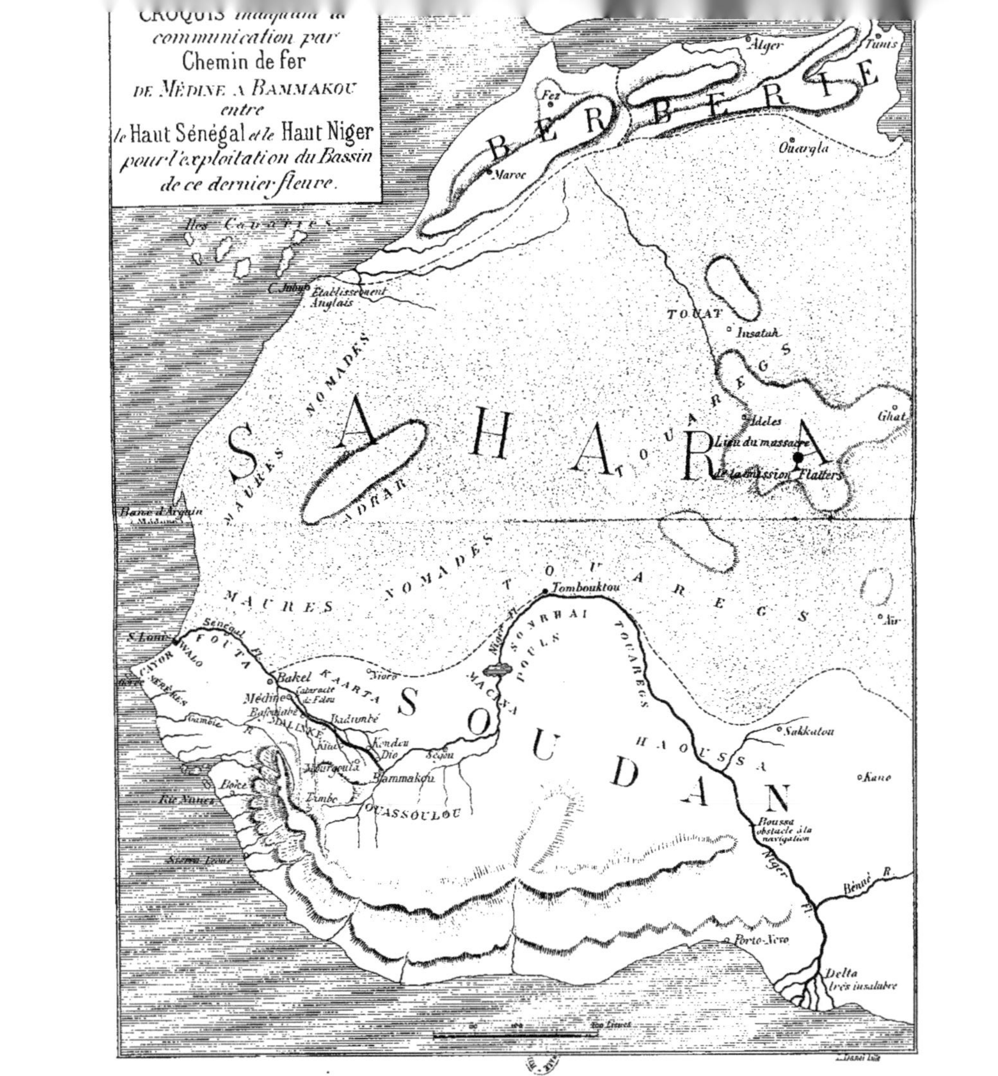

CROQUIS indiquant la communication par Chemin de fer DE MÉDINE A BAMMAKOU entre le Haut Sénégal et le Haut Niger pour l'exploitation du Bassin de ce dernier fleuve.
BERBERIE
SAHARA
SOUDAN
Alger
Tunis
Fez
Maroc
Ouargla
Iles Canaries
C. Juby
Etablissement Anglais
TOUAT
Insatah
TOUAREGS
Ideles
Ghat
Lieu du massacre de la mission Flatters
MAURES NOMADES
ADRAR
TOUAREGS
Banc d'Arguin
Médine
MAURES NOMADES
TOUAREGS
Tombouktou
Air
SONRHAI
POULS
S¹ Louis
Sénégal
CAYOR
WALO
FOUTA
KAARTA
Nioro
MACINA
HAOUSSA
Sakkatou
Bakel
Cataracte de Félou
Médine
Basonlabé
MALINKE
Badumbé
Kita
Kondou
Dio
Ségou
Kano
Ngourgoula
Bammakou
OUASSOULOU
Gambie R.
Boisé
Rio Nunez
Timbé
Sierra Leone
Porto-Novo
Niger
Bénné R.
Boussa obstacle à la navigation
Delta très insalubre
Echelle